Quellennachweis:
Das Gedicht zur Pietádarstellung (Nr. 19) ist ein Auszug aus dem „Trauergesang von der Not Christi im Garten am Ölberg" und wurde der religiösen Gedichtsammlung „Trutz-Nachtigal" von Friedrich von Spee (1591–1635) entnommen.
Der Text zur Dienstbotenmuttergottes von Christine Busta (Nr. 20) stammt aus dem Gedicht „Kleine Topographie des Wiederfindens" und wurde dem Gedichtband „Inmitten aller Vergänglichkeit" von Christine Busta entnommen © Otto Müller Verlag, Salzburg 1985.

Mitglied der Verlagsgruppe „engagement"

Bibliografische Information Der Deutschen Bibliothek
Die Deutsche Bibliothek verzeichnet diese Publikation in der Deutschen Nationalbibliografie; detaillierte bibliografische Daten sind im Internet über <http://dnb.ddb.de> abrufbar.

2005

Titelbild: Roman Szczepaniak, Wien
Fotos: Nr. 8 und 10 © Domarchiv St. Stephan,
alle anderen: Roman Szczepaniak, Wien
Umschlaggestaltung: unisono, Innsbruck
Layout: Tyrolia-Verlag
Druck und Bindung: MA-Tisk, Slowenien
ISBN 3-7022-2703-2
E-Mail: buchverlag@tyrolia.at
www.tyrolia.at

Reinhard H. Gruber
Roman Szczepaniak

STEPHANSDOM

Botschaft aus Stein

Tyrolia-Verlag · Innsbruck-Wien

Einleitung

Der Wiener Stephansdom ist nicht nur ein europäisches Kulturdenkmal ersten Ranges, sondern auch jenes Wahrzeichen Österreichs, mit dem sich bis heute die meisten Bürger der Republik identifizieren. Seit Jahrhunderten ist er das Zentrum der Bundeshauptstadt und trotz großer Zerstörungen im Jahr 1945 hat er nichts von seiner Ausstrahlung eingebüßt.

Nach neuesten Erkenntnissen ist der Dom weit älter als bisher angenommen. Bereits vor der ersten romanischen Stephanskirche gab es mindestens drei Vorgängerbauten. In das Jahr 1137 ist die erste urkundliche Nennung der Kirche zu datieren, 1147 erfolgte dann die Weihe der romanischen Kirche. Zwischen 1230 und 1250 kam es zu einem Neubau. Aus dieser Zeit stammen die Westfassade mit den beiden etwa 65 Meter hohen so genannten Heidentürmen sowie das Riesentor, der Haupteingang des Domes, in dessen Zentrum Christus als Herrscher und Retter der Welt thront.

Herzog Rudolf IV., genannt „der Stifter", legte 1359 den Grundstein zum Südturm, damit begann der gotische Ausbau des Domes. Mit dem 137 Meter hohen Stephansturm besaß Wien für einige Jahre den höchsten Kirchturm Europas. Das charakteristische gotische Dach besteht aus 230.000 bunt glasierten Dachziegeln und soll einem sarazenischen Teppich nachempfunden sein. Kaiser Friedrich III. legte im Jahre 1450 den Grundstein für den unvollendeten 62 Meter hohen Nordturm. Aufgrund des Vorrückens der Türken wurden die Bauarbeiten 1511 jedoch eingestellt und die vorhandenen Mittel für die Befestigung der Stadtmauern verwendet. Die 1578 errichtete Renaissancehaube bietet Platz für die „Pummerin", die fast 22 Tonnen schwere große Glocke von St. Stephan.

Das äußere Erscheinungsbild des Domes wird vor allem durch den Südturm – im Volksmund liebevoll „Steffl" genannt – und das mit farbigen Ziegeln gedeckte Dach bestimmt. Von welcher Seite man sich auch der Kathedrale nähert, nie kann man sie als Ganze erkennen, immer öffnen sich dem Betrachter neue Perspektiven.

Das Innere der Domkirche wird von den barocken Altären mitgeprägt. Eine Besonderheit sind die vielen Heiligenfiguren auf den mächtigen Domsäulen. Diese reichhaltige Ansammlung von Plastiken erklärt sich dadurch, dass der Dom nicht nur dem hl. Stephanus, sondern auch allen Heiligen geweiht ist. Aufgrund der gezählten 93 Mariendarstellungen gilt er auch als Mariendom.

Eine rein kunsthistorische Betrachtung würde dem Stephansdom sicher nicht gerecht, er ist und bleibt das, wozu er erbaut wurde: Haus Gottes. Die Texte und Bilder dieses Buches möchten dazu anregen, die spirituelle Dimension dieses großartigen Bauwerkes zu erspüren und zu entdecken.

Reinhard H. Gruber,
Domarchivar zu St. Stephan

Wir haben ihn wieder aufgebaut.
Mit unserem Wissen und nach dem Werkmaß der Väter.
Ihr aber füllet ihn nun mit Gebeten und Gesängen!
Er ist euer wie je und nicht mehr nur Erbteil.
Aus euren Herzen ist er gewachsen,
aus euren heimlichen Opfern, aus eurem Glauben.
Stärkt euch an diesem Zeichen des Friedens.

(Rudolf Henz, Spruch der Bauleute)

1 „Pfarrkirche Österreichs"

In den letzten Tagen des Zweiten Weltkriegs erlitt der Stephansdom durch einen Brand schwere Schäden. Hauptsächlich betroffen war neben dem Dach der Albertinische Chor, dessen Gewölbe in der Mitte und auf der Südseite eingestürzt waren. Dank der Hilfe aller österreichischen Bundesländer konnte St. Stephan innerhalb von nur sieben Jahren in alter Schönheit neu erstehen.

Die Zerstörung brachte aber auch einen positiven Effekt mit sich, der im obigen Gedicht angesprochen wird: Durch den kostspieligen Wiederaufbau wird der Dom nun zum Symbol der neu erstandenen Republik und zum „persönlichen Eigentum" der Österreicherinnen und Österreicher.

Der Stephansdom ist gleichsam – wie sich besonders bei nationalen Anlässen zeigt – die „Pfarrkirche Österreichs", in der alle öffentlichen Festlichkeiten begangen werden.

1950

Denn der Herr birgt mich in seinem Haus
am Tag des Unheils;
er beschirmt mich im Schutz seines Zeltes,
er hebt mich auf einen Felsen empor.

(Psalm 27,5–6)

2 Ort der Zuflucht und des Schutzes

Unsere Vorfahren haben dem Kampf zwischen Gut und Böse in vielfältigen Formen Ausdruck verliehen. Indem sie die Fratzen von Dämonen durch das Hauen in Stein sichtbar werden ließen und so ihren eigenen Ängsten Gestalt und Ausdruck gaben, vermeinten sie, deren Schrecken bannen zu können.

So wundert es nicht, dass am Stephansdom Dämonenfiguren in vielerlei Gestalt zu sehen sind. Dadurch wurden dem Betrachter beim Kirchgang stets die dunklen Mächte ins Gedächtnis gerufen. Durch das Anbringen an der Außenseite war diesen Gestalten aber gleichzeitig auch ihr Platz zugewiesen: Denn im Innenraum, der ein Abbild des „himmlischen Jerusalem" sein will, haben sie keine Macht mehr über den Menschen.

Wer immer diese Schwelle überschreitet,
erfahre hier Heil und Segen,
Hilfe und Trost.

(aus dem Ritus der Kirchweihe)

3 *Eingangsrituale*

Die Menschen des Mittelalters wussten, dass sie beim Betreten einer Kirche eine heilige Schwelle überschreiten und in einen geweihten Raum eintreten. Dies prägte ihr Verhalten. Noch heute taucht der Gläubige beim Betreten einer Kirche seine Fingerspitzen in das Weihwasserbecken. Das Wasser als Symbol für das Leben erinnert an die Taufe und an das „neue Leben", in das der Christ durch die Taufe eintritt. Mit dem Wasser zeichnet er das Kreuz auf seinen Körper und schließlich beugt er vor Christus das Knie, der im Tabernakel in der Form des Brotes gegenwärtig ist. Diese „Schwellenrituale" laden zum Innehalten ein. Sie können dabei helfen, diesem seit Jahrhunderten von Gebeten erfüllten Raum aufmerksam und ehrfurchtsvoll zu begegnen – ganz so, wie man als Gast die Wohnung lieber Freunde wohlwollend und rücksichtsvoll betritt.

Da wir mit rechter Erkenntnis erkannt haben, dass nichts gewisser ist als der Tod und nichts ungewisser als die Stunde des Todes und dass vor allen Dingen ein jeder Mensch die Zeit vor seinem Tod mit guten Werken verbringen soll, damit er bereit sei, wenn er von dieser Welt scheidet, und da wir in dem Gotteshaus zu Sankt Stephan in Wien unser Begräbnis erwählt haben, so begehren wir unser Gedächtnis hier zu haben und dass der Gottesdienst hier zu begehen sei.

(Herzog Rudolf IV., genannt „der Stifter“, 1363)

4 *Machtvoller Herrscher im Wissen um die Vergänglichkeit*

Als hätte es der jugendliche Herrscher früh geahnt!
Rudolf wurde nur 26 Jahre alt. Dennoch war er ein umtriebiger Herrscher und Reformpolitiker, der entschlossen seine politischen Ziele verfolgte, weil er von der hohen Sendung seiner Familie und seiner persönlichen Auserwählung überzeugt war. Er ließ Wien zu einer stattlichen Residenzstadt umgestalten und gründete 1365 die Wiener Universität – nach Prag die älteste Universität im deutschsprachigen Raum.
Für den mittelalterlichen Menschen gehörten Diesseits und Jenseits, Gegenwart und Ewigkeit zusammen. Deshalb widmete sich Rudolf auch dem Ausbau des Stephansdomes: Er wurde zum Stifter des spätgotischen Domes, dessen Modell er auf der Abbildung in Händen hält.

Der schönste Innenraum: der Stephansdom.
Man kann es nicht oft genug sagen:
Wir haben den weihevollsten Kirchenraum der Welt.

(Adolf Loos)

5 Ein Ort der Auseinandersetzung und der Diskussion

Heute denkt man bei einer Kanzel schnell an lebensfremde Belehrung oder langweilige Katechese. Doch die Kanzel war immer auch ein Ort der gesellschaftlichen Auseinandersetzung und der Gegensätze.
Mitten in der Reformationszeit, im Jahre 1522, überließ der damalige Wiener Bischof Georg von Slatkonia dem protestantischen Prediger Paulus Speratus den Predigtstuhl, worauf dieser vor den Ordensleuten der Stadt eine Predigt gegen das Ordensleben hielt!
Auch der berühmte hl. Petrus Canisius (†1597) gab als Domprediger bei St. Stephan von hier aus seine Unterweisungen und am 7. Oktober 1938 rief Kardinal Theodor Innitzer, der damalige Wiener Erzbischof, in einer Predigt die Jugend zur Treue zu Christus und seiner Kirche auf. Dabei distanzierte er sich indirekt vom Führungsanspruch des nationalsozialistischen Regimes: „Nur einer ist euer Führer, Jesus Christus!"
Die Domkanzel, das Werk eines unbekannten Meisters aus der Zeit um 1500, vielleicht aus der Hand des Dombaumeisters Anton Pilgram, gehört zu den bekanntesten Kunstwerken des Wiener Domes.

Das herrliche Münster steht wunderbar
wie ein altes Gespenst in modernem Getümmel …
Das ganze Wien ist wie überall,
nur diese Kirche ist wie nirgends.

(Clemens von Brentano, 1813)

Am 24. September kam ich an.
Mein erster Besuch beim St. Stephan.
Ich blieb nicht draußen stehen, sondern ging hinein:
Da ist es gewiss auch so schön wie draußen!
Ich wurde da drin mit einem Schlag fromm.
Es ist in diesem Zusammen des Dunkels
(wie es kein anderer Dom so schön hat),
der Lichter, der Betenden, der Kommenden und Gehenden
eine wunderbare Magie!

(Leopold von Ranke, 1827)

6 *Blick vom Südturm über die Wiener Innenstadt*

7 *Verlassen, aber nicht allein*

Nach dem Letzten Abendmahl geht Jesus mit seinen Jüngern zum Garten Gethsemane, um dort zu beten. Nur seine engsten Freunde begleiten ihn. Im Gebet ringt er mit Gott, seinem Vater. Angst erfasst ihn, denn er weiß um seinen nahenden Tod.

Matthäus berichtet, dass Jesus dreimal seine Freunde bittet, mit ihm zu wachen und zu beten. Diese jedoch bleiben taub für seine Bitten, sie schlafen und lassen ihn in seiner Angst allein.

Ausdrucksstark stellt der Künstler die schlafenden Jünger dar. Sie stehen im Mittelpunkt des Kunstwerks. Schlagartig wird dem Betrachter Jesu Einsamkeit und Verlassenheit bewusst. Darin kann der Glaubende Trost finden: Weil Jesus die letzten Nöte der Menschen selbst erlitten hat, dürfen wir darauf vertrauen, dass er um unser Leid weiß und uns darin nicht allein lässt.

8 *Ein Ort der Gnade und des Trostes*

Am 4. November 1696 beobachtete der Bauer Michael Cöry in der Pfarrkirche von Pócs in Nordungarn, dass Tränen aus den Augen der Gottesmutter flossen. Diese Erscheinung trat immer dann auf, wenn die Türken das Land verwüsteten. Der Ruf des wundertätigen Bildes erreichte alsbald den Kaiserhof, auf Drängen seiner frommen Gemahlin Eleonore ließ Leopold I. das Bildnis nach Wien bringen, wo es schließlich in St. Stephan seine Heimstätte fand.
Als Prinz Eugen von Savoyen in der Schlacht bei Zenta endgültig den Sieg über die Türken errang, schrieb man dies dem Bildnis der Maria Pócs zu. Damals rief Abraham a Santa Clara den Wienern in einer Predigt von der Domkanzel aus zu:

Die weinende Mutter von Pötsch ist Ursach geworden,
dass wir jetzo lachen.

9 *Das mütterliche Herz Mariens*

Die Ikone von Maria Pócs ist *die* Gnadenstätte des Stephansdomes. Von früh bis spät suchen Beter hier Kraft und Trost. Das Tränenwunder will uns sagen, dass Maria ein mütterliches Herz hat. Sie fühlt und leidet mit uns Menschen mit. Ihr Bild weist darauf hin, dass wir auch in schwierigen Situationen Trost und Verwandlung erfahren können, dass wir darauf hoffen dürfen, nach allem Leid wieder zu einem Lächeln zu finden.

10 *Ein Denkmal der Namenlosen*

Unter dem Kanzelkorb blickt der „Fenstergucker" in den Kirchenraum – ein Sinnbild des Künstlers, der nicht mehr anonym bleiben will wie noch im Mittelalter, sondern nun selbstbewusst hinter seinem Werk hervortritt. In seinen Händen hält er Zirkel und Winkelmaß, sie weisen ihn als Baumeister aus. Doktorhut und Talar zeigen ihn als Gelehrten der Universität. Die langen Haare sind ein Zeichen des freien Bürgers. Wurde jemand unfrei, etwa weil er straffällig geworden war, so schor man ihm die Haare. Der abfällige Wiener Ausdruck „G'scherter" leitet sich von daher ab.
Es ist umstritten, ob es sich bei dieser Darstellung um Dombaumeister Anton Pilgram selbst handelt. Als „unbekannter Künstler" ist er jedenfalls ein sprechendes Denkmal für all die vielen, die namenlos und einzig zur Ehre Gottes diese wunderbare Kirche erbaut oder ausgestattet haben.

11 *Ein unerschrockener Bote*

Der Hauptpatron des Wiener Domes ist der hl. Stephanus, von dem die Kirche auch ihren Namen hat. In der Apostelgeschichte wird er als geisterfüllter Redner geschildert. In seiner Rechten trägt er die Palme des Märtyrers als Zeichen für das ewige Leben. Als einer der Ersten wird er von den Aposteln beauftragt, sie bei ihrer Arbeit zu unterstützen.
Die noch junge Kirche steht vor einer schwer wiegenden Entscheidung: Sollen die ersten Christen, die ja Juden sind, weiterhin nach den jüdischen Vorschriften leben oder dürfen sie dieses Gesetz hinter sich lassen, um auch für andere Kulturen wie die Griechen attraktiv zu sein?
Es kommt zu einem heftigen Streit, in dessen Verlauf Stephanus vor den Toren Jerusalems gesteinigt wird. Die Steine in seiner linken Hand weisen auf die Art seines Todes hin. Stephanus war der Erste unter den Christen, der für seinen Glauben mit dem Leben einstand. Aus Furcht vor weiterer Verfolgung flüchteten die Christen in die umliegenden Länder. Gerade dadurch aber fand das Christentum weite Verbreitung über die Grenzen der judäischen Provinz hinaus.

12 Die Sprache der Steine

Um Mitternacht ging ich allein, langsamen Schrittes zur Stephanskirche. Als ich eintrat, war sie noch leer. Nicht der Andacht wegen, sondern um mir diesen gewaltigen Raum um diese Zeit anzusehen, blieb ich in der dunkelsten Ecke, am Fuße eines gotischen Pfeilers, stehen. Unbeschreiblich ist die Erhabenheit dieser gewaltigen Wölbungen. Es herrschte Stille, nur das Schreiten des die Lampen anzündenden Küsters störte meine Lethargie. Hinter mir Gräber, unter mir Gräber, nur – über mir kein Grab. Eine düstere Harmonie erklang in meinem Inneren – ich fühlte mehr denn je mein Verwaistsein und sog mich in diesen erhabenen Anblick, bis Licht und Menschen sich zu häufen begannen.

(Frederic Chopin, 1830)

13 *Fundamente des Glaubens und Lebens*

Eine Besonderheit von St. Stephan sind die vielen Pfeilerfiguren auf den mächtigen Domsäulen. Den Menschen des Mittelalters, die meist nicht lesen konnten, erzählten die Säulenheiligen auf einfache und ausdrucksstarke Weise vom Leben und Sterben Jesu und der Heiligen. Durch die Heiligenfiguren erhalten die Domsäulen eine weitere, symbolische Bedeutung. Heilige wie Mutter Teresa oder Maximilian Kolbe sind es, die durch ihr engagiertes und entschiedenes Leben die christliche Botschaft glaubwürdig machen. So wie die Säulen das schützende Kirchendach tragen, so sind die Gläubigen berufen, einander Halt und Stütze zu sein.
Auf der abgebildeten Säule sind der Evangelist Johannes und neben ihm Maria dargestellt. Über den beiden ist der hl. Sebastian zu sehen, der als Schutzpatron gegen Pest und Seuchen große Beachtung fand. Von ihm erzählt die Legende, dass Kaiser Diokletian ihn an einen Baum binden ließ und seinen Bogenschützen befahl, den Wehrlosen zu erschießen. Doch diesen gelang es nicht, ihn zu töten: Auf wundersame Art überlebte Sebastian das Martyrium, die Pfeile in seinem Leib erinnern an seine Verwundung.

*Wir fliehen unter deine Barmherzigkeit, Mutter Gottes,
verschmähe nicht unser Gebet in der Not,
sondern errette uns aus den Gefahren,
du einzig Reine und Gebenedeite.*

(Mariengebet aus dem 3. Jahrhundert)

14 Unter deinem Schutz und Schirm

Eine der beliebtesten und in ihrer Symbolik schönsten Mariendarstellungen ist die „Schutzmantelmuttergottes". Unter ihrem weiten Mantel suchen die verschiedenen Standesgruppen Zuflucht: Papst und Kaiser, Bischof und Mönche, Frauen und Männer. Der Betrachter kann sich selber unter den dargestellten Personen wiederfinden. Etwa seit der Mitte des 13. Jahrhunderts gibt es diese Darstellungen. Dabei wird das Symbol des Mantelschutzes aus der Rechtsprechung in den religiösen Bereich übertragen: Der Mantel einer einflussreichen Persönlichkeit bietet dem, der Zuflucht sucht, Schutz und Geborgenheit. Darum wendet sich der Gläubige im Gebet vertrauensvoll an Maria:
„Maria, breit den Mantel aus, mach Schirm und Schild für uns daraus."

*Du hast dich in den Menschen verliebt
und willst bei ihm wohnen.*

(hl. Katharina)

15 Ort der Berührung mit Gott

*Unser Dom ist nicht nur Ausdruck der Sehnsucht
der Menschen nach Gott – das Aufstrebende, das Geborgene,
die vielen Kunstwerke, die vielen liebevoll ausgeführten Einzelheiten
dieses Domes – hier ist vielmehr auch die
Sehnsucht Gottes nach dem Menschen fassbare Gestalt, gewissermaßen
wie ein Sakrament zum sichtbaren Zeichen geworden: Die Anwesenheit
des Herrn im Tabernakel in unserer Mitte, das große Riesentor,
all dies bezeugt das Wohnen Gottes bei uns.
Der weite Raum, der Raum für alle Menschen sein will und es auch ist,
wird zum Ort der Begegnung, wo Gott auf uns wartet,
in Sehnsucht, dass wir zu ihm kommen.
Und mitten darin die Gestalt Jesu, die ja sein eigentliches Geheimnis ist,
nämlich dass diese Sehnsucht des Menschen nach Gott und die Sehnsucht
Gottes nach dem Menschen in ihm zusammentreffen,
in ihm, der wahrer Gott und wahrer Mensch ist.*

(Kardinal Dr. Christoph Schönborn zum Domweihetag im Jahr 2000)

Dieser Jünger ist es,
der all das bezeugt und der es aufgeschrieben hat;
und wir wissen, dass sein Zeugnis wahr ist.

(Joh 21,24)

16 *Heilmittel gegen das alltägliche Gift*

Johannes, der meist als sanfter Jüngling dargestellt wird, gilt als der Lieblingsjünger Jesu. Im Markusevangelium trägt er allerdings auch den Beinamen „Donnersohn“. Einer alten Legende zufolge wurde Johannes in der Stadt Ephesus gezwungen, einen Becher voll Gift zu trinken, als er sich weigerte, der Stadtgöttin Artemis zu opfern. Daraufhin segnete Johannes den Trank und sogleich entwich das Gift als kleine Schlange aus dem Becher. Unbeschadet konnte Johannes den Trank zu sich nehmen. Auf dieser Legende beruht ein alter kirchlicher Brauch, nach dem am Tag des hl. Johannes Wein gesegnet wird. Das Trinken dieses Johannisweins bedeutet: Das Gift des Bösen soll uns nicht schaden. Dieser Brauch wurde im Mittelalter auch als „Minnetrinken“ (Liebetrinken) bezeichnet, denn die Liebe ist das beste Mittel gegen die schleichende Vergiftung unseres Lebens. Der gesegnete Trank wurde dann zu verschiedenen Anlässen verwendet: für Hochzeiten, vor größeren Reisen, als Stärkung für kranke Menschen sowie für den Zusammenhalt der ganzen Familie.

„Ich bin eine unglückliche Frau,
nur aus großem Kummer und aus Traurigkeit habe ich so lange geredet
und dem Herrn mein Herz ausgeschüttet."
Da sagte Eli, der Priester: „Geh in Frieden.
Der Gott Israels wird dir die Bitte erfüllen, die du an ihn gerichtet hast."

(1 Sam 1,15)

17 *Ein wundersamer Neubeginn*

Als Großmutter Jesu gehört die hl. Anna zu den beliebtesten Heiligen. Die innige Darstellung zeigt Maria, die auf dem Knie ihrer Mutter steht und von ihr zärtlich gestützt wird. Anna lächelt Maria zu, während diese mit ihrer kindlichen Hand nach dem Kinn der Mutter greift.
Erst spät begann man sich für Jesu Herkunft und seine Kindheit zu interessieren. Die Namen der Großeltern Jesu, Anna und Joachim, tauchen erstmals im 2. Jahrhundert im Protoevangelium des Jakobus auf.
Diese apokryphen Texte wurden nicht mehr in die Bibel aufgenommen. Die legendäre Lebensgeschichte der hl. Anna ist nach dem alttestamentlichen Vorbild des Propheten Samuel gestaltet, dessen Mutter Hanna erst im hohen Alter nach langen Jahren des Wartens ein Kind gebar. Die hl. Anna wird daher als Patronin der Witwen, der werdenden Mütter und der kinderlosen Frauen, aber auch der Ammen und der Brautleute verehrt. Die wundersame Legende zeigt, dass Gott auch in schwierigen und ausweglosen Situationen Hoffnung und Verwandlung schenken will.

18 *Vor dem Unendlichen*

Und schließlich geht der Blick in das Gewölbe
mit den sich vernetzenden Steinrippen
und der eigentümlichen Ornamentik,
die sich daraus ergibt:
ein Symbol für das Unendliche,
für den Einen, den Transzendenten,
den kein Bild darzustellen vermag,
der aber in unseren Herzen wohnen will.

Der schöne Mond
will untergehn,
vor Leid mag er nicht weiter scheinen.
Die Sterne lassen all ihr Glitzern stehn,
mit mir sie wollen weinen.

(Friedrich von Spee)

19 *Ort der Geborgenheit inmitten der Trauer*

Man sagt, er sei der älteste Bewohner Wiens, er gehört zu dieser Stadt wie der „Steffl“ oder das Schloss Schönbrunn. Ja, es heißt sogar, dass er selbst ein Wiener sei: der Tod.
Wie die Geschichte zeigt, hatte man in Wien zum „Gevatter Tod“ immer schon ein besonderes Verhältnis. Dies untermauern auch die fälschlicherweise als „Katakomben“ bezeichneten Gruftkammern unter dem Stephansdom, in denen in der Zeit des Barock circa 11.000 Wienerinnen und Wiener aller Stände und Klassen ihre letzte Ruhestätte fanden.
Die Skulptur der Pietà zeigt Maria, die den vom Kreuz abgenommenen Leichnam Jesu in ihrem Schoß hält. Diese Plastik zieht vor allem Beter an, die Trost in ihrem Leid suchen.

Diese Skulptur in den Katakomben ist nur bei einer Führung zugänglich.

Zuerst sind wir heimgegangen
zur Dienstbotenmuttergottes.
Wir brauchten ihr nichts zu erzählen,
sie wusste schon alles
und lächelte liebevoll versonnen.
So schön war sie nie zuvor.

(Christine Busta)

20 Den Launen der Mächtigen nicht ausgeliefert

Die Legende berichtet, dass einer adeligen Dame ein wertvoller Ring abhanden gekommen sei. Daraufhin bezichtigte sie ihr Dienstmädchen des Diebstahls. Das arme Mädchen suchte in seiner Bedrängnis Zuflucht im Gebet vor dieser Marienstatue. Alsbald fand sich der verschollene Ring im Handschuh der Dame wieder und die Unschuld der Magd war erwiesen. Ursprünglich befand sich diese um 1300 entstandene Statue am ehemaligen Marienaltar im Frauenchor, wo in alter Zeit das „Dienstbotenamt", gefeiert wurde. Diese erste Messe des Tages wurde vor allem von den Dienstboten besucht, die „ihre" Muttergottes besonders verehrten. Allmählich hat sich die Berufsbezeichnung der Verehrenden auf die Statue selbst übertragen und so wurde sie zur Dienstbotenmuttergottes. Seit damals kommen die Menschen „auf einen Sprung in den Dom", um der Dienstbotenmuttergottes von ihren alltäglichen Sorgen und Freuden zu erzählen.

Abend. Die sich in immer dunklere Schatten einspinnende Welt. Nur noch die Spitze des Stephans-Turms im Lichte der sinkenden Sonne glühend, als ob die Glut aller Andächtigen, die am Tage darin gebetet, sich zum Strahl verdichtet hätte und zum Himmel emporflammte.

(Friedrich Hebbel, 1853)

21 *Stiller Wächter inmitten der lauten Stadt*

Wenn das geschäftige Leben am Stephansplatz erlischt und sich die Nachtschwärmer hervorwagen, wenn die Sonne untergeht und die Dunkelheit sich über die Stadt breitet, dann erstrahlt der Dom im Licht der Scheinwerfer und es scheint, als ob er seine Wächterfunktion über die Menschen von Wien dank künstlicher Beleuchtung noch besser verrichten könnte. Für lange Zeit war der Südturm das höchste Gebäude der Stadt und von seiner Türmerstube aus beobachteten Feuerwehrmänner das Geschehen in Wien – Tag und Nacht. Manch einer empfindet es tröstlich, dass der Dom auch heute noch die Dächer der inneren Stadt überragt und sie gleichsam schützt.